# Mi vida con Leucemia

escrito por **Mari Schuh** • arte por **Ana Sebastián**

**AMICUS ILLUSTRATED**
es una publicación de Amicus
P.O. Box 227, Mankato, MN 56002
www.amicuspublishing.us

Rebecca Glaser, editora
Kathleen Petelinsek, diseñadora de la serie
Lori Bye, diseñadora de libro

Library of Congress Cataloging-in-Publication Data
Names: Schuh, Mari C., 1975- author. | Sebastian, Ana, illustrator.
Title: Mi vida con leucemia / by Mari Schuh ; illustrated by Ana Sebastián.
Other titles: My life with leukemia. Spanish
Description: Mankato, Minnesota : Amicus Learning, an imprint of Amicus, [2024] | Series: Mi vida con... |
Translation of: My life with leukemia. | Audience: Ages 6-9 | Audience: Grades 2-3 | Summary: "Meet Jocelyn!
She likes soccer and dinosaurs. She is also a leukemia survivor. Jocelyn is real and so are her experiences. Learn about
her life in this Spanish translation of My Life with Leukemia for elementary students"—Provided by publisher.
Identifiers: LCCN 2022051801 (print) | LCCN 2022051802 (ebook) | ISBN 9781645496069 (library binding) | ISBN
9781681529240 (paperback) | ISBN 9781645496366 (ebook)
Subjects: LCSH: Leukemia in children--Juvenile literature. | Leukemia in
children--Patients--United States--Biography--Juvenile literature.
Classification: LCC RJ416.L4 S3818 2024 (print) | LCC RJ416.L4 (ebook) |
DDC 618.92/99419--dc23/eng/20221114

Impreso en China

A Jocelyn y su familia—MS

## Acerca de la autora
El amor que Mari Schuh siente por la lectura comenzó con las cajas de cereales, en la mesa de la cocina. Hoy en día, es autora de cientos de libros de no ficción para lectores principiantes. Con cada libro, Mari espera ayudar a los niños a aprender un poco más sobre el mundo que los rodea. Obtén más información sobre ella en marischuh.com.

## Acerca de la ilustradora
Ana Sebastián es una ilustradora que vive en España. Estudió Bellas Artes en la Universidad de Zaragoza y en la Université Michel de Montaigne, en Burdeos. Se especializó en ilustración digital y completó su educación con una maestría en ilustración digital para arte conceptual y desarrollo visual.

¡Hola! Me llamo Jocelyn. Es possible que tengamos mucho en común. Me gusta el fútbol, los dinosaurios y jugar con mi perro. También es posible que tengamos diferencias. Tuve leucemia. Déjame contarte un poco sobre mi vida.

Cuando tenía siete años, me enfermé en un viaje. Tuve tos y fiebre. Unas semanas más tarde, me apareció un ganglio linfático duro e hinchado en mi cuello.

Mi mamá me llevó a muchos médicos para saber por qué estaba enferma. Analizaron mi sangre. Los exámenes indicaron que tenía leucemia. Un ultrasonido indicó que tenía un bulto en el pecho. El bulto me presionaba el corazón y los pulmones.

La leucemia es un tipo de cáncer. Por lo general, afecta a los leucocitos. Estas células combaten las infecciones. Pero cuando una persona tiene leucemia, su sangre produce demasiados leucocitos. Y los leucocitos no funcionan.

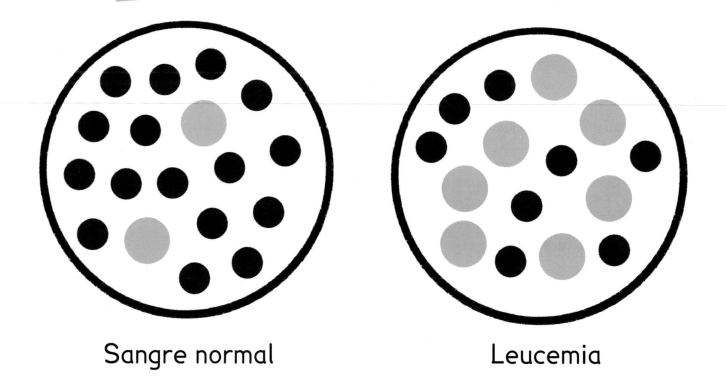

Sangre normal                    Leucemia

🔘 Leucocitos
⚫ Glóbulos rojos

Las personas con leucemia por lo general reciben quimioterapia para su tratamiento, como la recibí yo. Algunas personas también reciben radiación para eliminar la leucemia. Otras personas pueden someterse a un trasplante de médula ósea.

El tratamiento para combatir la leucemia fue muy difícil y atterador. Duró dos años y medio. Al principio, estuve en el hospital durante varias semanas por vez. Luego, fui a la clínica para hacerme exámenes y recibir tratamiento.

La quimioterapia usa medicamentos fuertes y poderosos. Me ayudó, pero también afectó a mi cuerpo. Hizo que se me cayera el cabello. Vomitaba mucho. Estaba cansada y no tenía apetito.

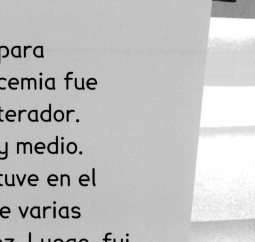

Mi cuerpo también tuvo otros problemas. Tuve reacciones alérgicas a la quimioterapia y otros medicamentos. También necesité varias transfusiones de sangre. Muchos enfermeros y médicos me ayudaron a mejorar.

Algunos días me sentía bien. Iba a nadar.
También pintaba y hacía origami. Pero muchos
días, tenía dolor y náuseas. Lloraba, gritaba y
dormía mucho.

Tener leucemia puede ser solitario. Mi cuerpo no podía combatir la infección apropiadamente. Tenía que mantenerme alejada de otras personas para que no me enfermaran. Me quedaba en casa. Podía ver a los niños afuera jugando al baloncesto. A veces, hablábamos a través de la ventana.

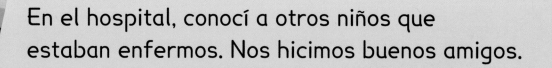

En el hospital, conocí a otros niños que estaban enfermos. Nos hicimos buenos amigos.

No iba a la escuela cuando estaba en el hospital. Me atrasaba con mis tareas. Pero hice mi mejor por mantenerme al día. Hacía mis tareas en la cama del hospital. Una maestra también me visitaba todos los días cuando estaba en casa.

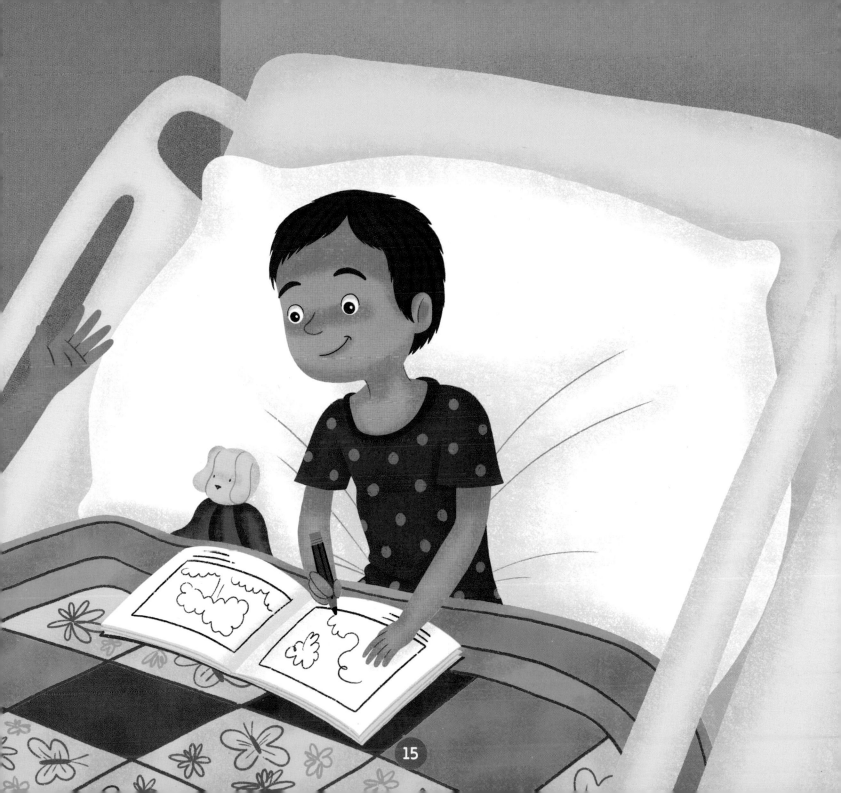

Quería descansar de las
visitas al hospital. Quería
jugar y divertirme, como
los otros niños.

Un grupo benéfico ayudó a mi familia a recaudar dinero para un campamento. Durante el campamento, no pensé en la enfermedad. ¡Me divertí tanto!

Muchas personas me ayudaron a recuperarme.
Entonces, quise ayudar a otros niños con leucemia.
Vendí limonada para que puedo comprar juguetes
para la caja de juguetes del hospital. El dinero
también ayudó a las familias a pagar sus cuentas.

Mi tropa de Niñas Exploradoras vendió muchas galletas. Dimos algo de ese dinero a un grupo que ayuda a las personas con leucemia.

Finalmente, he terminado la quimioterapia. Pero mi vida no ha regresado a la normalidad. La quimioterapia me afectó los pies. Voy a fisioterapia una vez a la semana para estar más fuerte. Todavía voy a la clínica para hacerme pruebas. Esto me da ansiedad. Mamá y papá me dicen que soy fuerte y valiente. ¡Tienen razón!

# Esta es Jocelyn

¡Hola! Me llamo Jocelyn. Vivo en California con mi mamá y mi papá. Tengo un perro, un canario y dos tortugas. En 2021, la Sociedad de Leucemia y Linfoma me nominó como la Niña del Año. Me gusta nadar y crear arte. Principalmente, disfruto pasar tiempo con mis amigos. Porque me encantan los dinosaurios, quiero ser paleontóloga cuando crezca.

# Respeto por las personas con leucemia

Las personas con leucemia pueden enfermarse fácilmente. Deben tener mucho cuidado de no contraer un resfriado, gripe otras enfermedades. Sé comprensivo si deben quedarse en su casa.

Los niños con leucemia se ausentan mucho de la escuela durante su tratamiento. Sé paciente mientras se ponen al día con sus tareas.

Tener leucemia es muy difícil. Puede causar que algunas personas tengan ansiedad durante y después de su tratamiento. Ser una persona amable es útil.

Cuando finaliza el tratamiento, las personas con leucemia aún necesitan someterse a citas y exámenes. Intenta recordar que aún pueden estar pasando por un momento difícil. Sé un buen amigo.

# Términos útiles

**fisioterapia** El tratamiento de los músculos y articulaciones afectadas mediante ejercicio, calor y masaje.

**ganglio linfático** Una glándula pequeña en el cuello, la parte interna del muslo o debajo de los brazos. Los ganglios linfáticos ayudan a proteger el cuerpo contra las enfermedades.

**infección** Una enfermedad causada por gérmenes como bacterias o virus.

**leucocitos** Células incoloras en la sangre que ayudan a proteger el cuerpo contra las infecciones.

**quimioterapia** El uso de productos químicos para eliminar las células cancerosas en las personas con leucemia y otros tipos de cáncer.

**radiación** Un tratamiento médico que usa partículas de alta energía u ondas como los rayos X para eliminar las células cancerosas.

**reacción alérgica** Cuando el cuerpo reacciona a algo que es inofensivo para la mayoría de las personas, como un medicamento o ciertas comidas.

**transfusión de sangre** El proceso de colocar sangre sana en una persona enferma o herida.

**trasplante de médula ósea** Una operación en la que la médula ósea enferma se reemplaza por médula ósea sana. La médula ósea es el material blando dentro de los huesos que produce las células sanguíneas.

**ultrasonido** Un examen médico que usa ondas sonoras para crear una imagen del interior del cuerpo de una persona.